Gli animali
Le mie prime parole

Animals
My first words

Ciao, Sig. elefante!
Hello, Mr elephant!

Mi chiamo...
My name is...

L'elefante

Elephant

Il gatto fa....
Cat says.....

Il gatto

Cat

Ciao, Sig. coniglio!

Hello, Mr Rabbit!

Io sono L'uccello

I am a bird

Il coniglio

Rabbit

La scimmia fa....

Monkey says.....

La scimmia

Monkey

L'orso fa....

Bear says.....

L'orso

Bear

Ciao, Sig. Rinoceronte!
Hello, Mr rhino!

Io sono il polpo
I am an Octopus

Il rinoceronte

Rhino

Il Leone fa....

Lion says.....

Il leone

Lion

Ciao, Sig. coccodrillo!

Hello, Mr crocodile!

Io sono L'uccello

I am a bird

Il coccodrillo

Crocodile

Il cane fa....

Dog says.....

Il cane

Dog

Ciao, Sig. Panda!
Hello, Mr Panda!

Io sono il pinguino
I am a Penguin

Il panda

Panda

IL CAVALLO FA....

HORSE SAYS.....

Il cavallo

Horse

Ciao, Sig.granchio!
Hello, Mr Crab!

Io sono lo scoiattolo
I am a squirrel

Il granchio

Crab

L'ASINO FA....
DONKEY SAYS.....

L'asino

Donkey

La Tigre fa....
Tiger says.....

La tigre

Tiger

L'ANATRA FA....
DUCK SAYS.....

L'anatra

Duck

Ciao, Sig.ra giraffa!

Hello, Mrs giraffe!

Io sono la Tartatuga

I am a Turtle

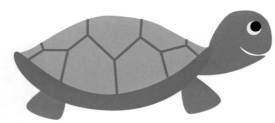

La giraffa

Giraffe

La Gallina fa....

Hen says.....

La gallina

Hen

Il Gufo fa....
Owl says.....

Il gufo

Owl

Il Pesce fa....

Fish says.....

Il pesce

Fish

Ciao Ciao
Bye Bye